NOTICE

SUR LA VIE DE

MARIE - ROSE THIBON,

Epouse de M. TEISSIER,

du lieu de Montgros, paroisse de Bannes,

DIOCÈSE DE VIVIERS (Ardèche).

Par M. L***, Prêtre.

Valde laboriosum est reliquere seipsum.
Saint Augustin, *Hom.* 32.

C'est une grande difficulté de se renon-
cer soi-même.

LARGENTIÈRE,

IMPRIMERIE TYPOGRAPHIQUE DE Mme VEUVE GROBON.

1855.

NOTICE

SUR LA VIE DE

MARIE-ROSE THIBON,

Epouse de M. TEISSIER,
du lieu de Montgros, paroisse de Bannes,

DIOCÈSE DE VIVIERS (Ardèche).

Par M. L***, Prêtre.

Valde laboriosum est reliquere seipsum.
Saint Augustin, *Hom.* 32.

C'est une grande difficulté de se renon-
cer soi-même.

INTRODUCTION.

Chargée par son divin fondateur de nous conduire
au Ciel, l'Eglise nous dirige, avec la tendresse d'une
mère, à travers les écueils dont le monde est semé,
et a recours à tous les moyens dont elle peut disposer pour nous aider à parvenir au terme désiré.
Elle nous présente, dans les Sacrements, la vie de
la grâce, le lait qui nourrit notre enfance spirituelle,
les aliments solides qui fortifient notre adolescence
et pourvoient aux besoins de notre vieillesse. Elle
fait briller à nos yeux le flambeau de la céleste
doctrine, place devant nous, comme des phares, les
divins préceptes pour éclairer notre marche ; puis,
pour la rendre plus sûre encore, elle attire nos regards sur les exemples de nos frères qui nous ont
précédés et ont, par leurs vertus, laissé des traces
plus profondes. Chaque jour, elle nous rappelle
l'héroïsme, le triomphe, le bonheur de quelques-

uns des apôtres, des martyrs, des confesseurs de la Foi, des vierges, des chrétiens de tous les âges et de toutes les conditions qui sont heureusement parvenus au port désiré. Voilà vos modèles, nous dit-elle au milieu de ses chants sacrés; marchez sur leurs pas, et vous triompherez comme eux!

Mais, parmi ces modèles sublimes, les uns sont proposés à notre admiration seulement, et les autres à notre imitation. Nous ne sommes pas tous appelés à l'apostolat, au martyre, à la virginité, ou même à confesser notre foi devant les tyrans : la plupart doivent conquérir la couronne dans la vie commune par le fidèle accomplissement des devoirs ordinaires du chrétien. Pour eux donc, les travaux des apôtres, le courage et la patience des martyrs, la continence et les austérités des vierges ne sont qu'un aiguillon pour exciter leur ferveur. Mais ce qu'ils doivent imiter, c'est la conduite des chrétiens qui, dans une vie simple, ordinaire, à la portée de tous, ont triomphé des ennemis du salut et conquis la palme immortelle par une inviolable fidélité dans l'accomplissement des préceptes divins et des devoirs spéciaux de l'état où la Providence les avait appelés.

On ne peut donc recueillir avec trop de soin ces précieux exemples, les remettre trop souvent sous les yeux de leurs frères, et leur en faire sentir avec trop de force le mérite et l'importance. Ils sont à la portée de tous, destinés à être imités par tous; par là même ils sont utiles à tous, et s'y attacher d'une manière spéciale, c'est entrer dans l'esprit de l'Eglise qui a à cœur non seulement le salut de quelques ames privilégiées, mais le salut des hommes de tout état et de toute condition.

Les vertus modestes, communes, que nous rappellent ces sortes d'exemples ont d'ailleurs un

mérite qui généralement n'est point assez apprécié.
Dépouillées de tout prestige, de tout éclat, elles
n'ont d'autre appui que la grâce, et, assez souvent,
d'autre témoin que Dieu, d'autre récompense que
le témoignage de la bonne conscience et l'espérance
des biens futurs; par là même, elles supposent une
foi vive, une charité ardente, une force d'ame, une
persévérance de volonté, de courage et de patience
qui les rendent très-précieuses aux yeux de Dieu.

Ces exemples détruisent, d'ailleurs, un préjugé
très-funeste et très-enraciné parmi les chrétiens, où
l'on se persuade trop facilement que, pour être
saint, il faut être placé sur un théâtre élevé, se livrer à des pratiques extraordinaires qui ne sont
point à la portée de la plupart des hommes, avoir en
partage des grâces extraordinaires qui ne sont
accordées qu'à un petit nombre ; d'où il résulte
qu'un grand nombre d'ames, séduites par ces funestes erreurs, négligent ou même abandonnent
totalement l'œuvre de leur sanctification, et vivent
dans l'oubli de Dieu, sous prétexte que la sainteté
est trop difficile à acquérir, qu'elle n'est point
compatible avec la condition où la divine Providence les a fait naître, et font un triste naufrage en
présence du port où peuvent entrer tous ceux qui
ont leur salut véritablement à cœur.

Ces exemples précieux mettent donc en pleine
évidence cet oracle si consolant du Sauveur, *qu'il
veut le salut de tous ;* ils nous montrent que la sanctification de tous les hommes, dans toutes les conditions et dans tous les états dont la probité n'est
point bannie, est possible et même facile avec le
secours des grâces ordinaires qui ne sont jamais re-
fusées à ceux qui les sollicitent : ils sont donc très-
utiles.

C'est cette pensée qui nous a déterminé à mettre sous les yeux des personnes appelées à vivre au milieu du monde une courte notice sur la vie de Marie-Rose Thibon femme Teissier, morte en odeur de sainteté en la paroisse de Bannes, au diocèse de Viviers.

Nous diviserons cette notice en deux parties :

Dans la première, où nous nous étendrons peu, parce qu'elle n'offre rien de bien saillant, nous suivrons notre pieuse chrétienne depuis sa naissance jusqu'à la mission à laquelle elle eut le bonheur de participer dans sa paroisse, en 1822.

Dans la seconde, nous la suivrons, avec un peu plus de détails, depuis cette époque mémorable jusqu'à sa mort précieuse, en 1854.

—

PREMIÈRE PARTIE

VIE DE MARIE-ROSE THIBON,
DEPUIS SA NAISSANCE JUSQU'A LA MISSION QUI EUT LIEU DANS SA PAROISSE EN 1822.

————

CHAPITRE Ier.

Naissance et première jeunesse de Marie-Rose Thibon.

Le bon exemple, ainsi que nous venons de l'observer, produit toujours une grande impression sur ceux qui l'ont sous les yeux ; mais celui d'un père vraiment chrétien, d'une mère vertueuse, fait surtout beaucoup de bien et rend, ordinairement du moins, leurs vertus héréditaires dans la famille : Dieu même leur donne quelquefois des enfants qui les surpassent dans la carrière du bien.

Antoine Thibon et Rose Vallat méritèrent d'être comptés au nombre de ces parents précieux. Ils n'étaient que médiocrement pourvus des biens de la fortune ; mais, ce qui est infiniment plus précieux, ils étaient riches en vertus. Dieu bénit leur union, et de leur mariage naquit l'enfant de prédilection, objet de cette notice. Elle vint au monde le 4 du mois d'août 1779, dans le hameau des Avellas, situé sur la paroisse de Bannes, au diocèse de Viviers, et le lendemain elle fut présentée au baptême et y reçut les prénoms de Marie-Rose.

Sa pieuse mère s'appliqua sans relâche à jeter dans l'ame de sa jeune fille les premières semences de la vertu et à lui faire sucer, avec le lait qui la nourrissait, une affectueuse et tendre piété. Elle lui mettait souvent sur les lèvres les noms sacrés de Jésus et de Marie, afin de l'accoutumer de bonne heure à aimer le Fils et sa divine Mère ; puis, à mesure qu'elle avançait en âge et que son intelligence se développait, elle lui inspirait une horreur salutaire pour le vice et une grande ardeur pour la pratique des vertus chrétiennes.

Antoine Thibon s'occupait sérieusement lui-même de l'éducation de sa fille, la considérant comme une jeune plante confiée par le Ciel à sa sollicitude, et qu'il devait cultiver avec les soins les plus assidus : il mettait tout en œuvre pour développer dans son jeune cœur les germes de vertu qu'y jetait sa pieuse épouse, lui recommandait surtout l'amour de Dieu, l'assiduité aux prières d'usage parmi les chrétiens le matin et le soir, avant et après les repas ; le respect dans le lieu saint, l'attention à la parole de Dieu, une charité tendre pour le prochain, spécialement pour les malheureux, et lui inspirait une souveraine horreur pour tout ce qui peut blesser cette sublime vertu.

La jeune Marie-Rose, douée d'un caractère naturellement doux, écoutait avec docilité ces précieuses leçons qui, appuyées par l'exemple de ses pieux parents , se gravèrent profondément dans son esprit et dans son cœur et devinrent la base de toute sa conduite ; elle s'éleva rapidement à la pratique de toutes les vertus chrétiennes, et, tandis qu'un trop grand nombre de jeunes filles élevées dans des principes opposés étaient pour leurs compagnes un objet de scandale et pour les auteurs de leurs jours un sujet d'affliction et de larmes , elle devint un parfait modèle pour les jeunes personnes de son hameau , et , pour ses pieux parents, un sujet de consolation et de joie.

CHAPITRE II.

Docilité de la jeune Marie Thibon aux avis de son pasteur.

Quelque précieux que fussent pour la jeune Marie les instructions et les exemples de ses parents, ils ne pouvaient lui suffire ; il lui fallait, pour la former dans la grande science du salut et dans la pratique des vertus chrétiennes, un de ces guides spéciaux établis de Dieu , marqués de son sceau et chargés par lui de diriger nos pas, de nous distribuer les grâces dont il les a faits dépositaires et de nous fortifier dans nos nombreux combats. Il lui fallait un de ces guides auxquels le Seigneur a dit : *Allez , instruisez toutes les nations ; enseignez-leur les saintes pratiques que je vous ai enseignées moi-même : ceux qui vous écoutent m'écoutent, et ceux qui vous méprisent se rendent coupables de mépris envers moi-même.*

En effet, suivant la pensée de l'apôtre, l'homme, sur la terre, est un voyageur qui cherche une vie meilleure : or, la voie qui conduit à cette vie est difficile à trouver, parce que , nous dit l'Esprit-Saint , une autre voie qui lui ressemble s'ouvre devant nous, paraît sûrement y conduire, et cependant aboutit à la mort ; parce que la véritable voie est elle-même environnée d'écueils, et que de nombreux ennemis y sont cachés en embuscade pour tâcher de nous surprendre et de nous perdre.

Mais si ce guide est nécessaire à l'homme, c'est spécialement pendant la jeunesse, où, faible, impressionnable, sans expérience, il est continuellement exposé aux atteintes du venin de l'erreur et du poison du vice. Tant qu'il prête une oreille docile aux sages leçons qui lui sont prodiguées par le guide qu'il a choisi, il est à l'abri de tout écart ; mais s'il vient à l'y fermer et à suivre les suggestions de ses ennemis , entraîné par la fougue de ses passions, bientôt il roule d'abîme en abîme : de trop nombreux et trop funestes exemples nous le disent d'une manière éloquente. Combien, en effet, de jeunes personnes, même dans nos campagnes, où régnait autrefois une simplicité, une pureté de mœurs admirables, une piété ravissante, une soumission parfaite à la voix de l'Église et de ses ministres, combien, dis-je, de jeunes personnes séduites par l'attrait des plaisirs, des divertissements pro-

fanes, corrupteurs, secouent audacieusement le joug salutaire de la morale chrétienne, et se plongent dans
l'abîme des désordres les plus déplorables.

Marie Thibon évita cet écueil en fuyant la société des
jeunes filles dissipées, dont ses parents, d'ailleurs, la tenaient soigneusement éloignée, en se mettant sous l'égide
de son pasteur et en se rendant assidue à ses instructions
et docile à ses conseils. Quoique le hameau qu'elle habi-
tait fût assez éloigné de l'église paroissiale, elle était
toujours des premières arrivées aux offices et aux caté-
chismes qu'elle écoutait avec une foi et une attention admirables, et dont elle faisait ensuite l'objet assidu de ses
réflexions et de ses entretiens.

Mais elle ne se contentait pas de ces instructions géné-
rales et publiques. Considérant dans la personne de son
pasteur le représentant de Dieu même, elle se présentait
avec une foi vive au tribunal sacré toutes les fois qu'on
le lui permettait, épanchait son jeune cœur dans le cœur
de son guide, lui en confiait sans réserve les secrets les
plus cachés, sollicitait des remèdes pour la guérison de
ses infirmités spirituelles, des décisions pour lever ses
doutes, des conseils pour diriger ses pas, des lumières
pour éclairer son ame, des moyens pour l'aider à triompher de ses ennemis.

Aussi, la sagesse présidait à toutes ses démarches, et
ses vertus prenaient chaque jour un nouvel accroissement.
Mais, ainsi que nous le verrons bientôt, ce bonheur ne fut
pas pour elle de longue durée ; car Dieu, sur cette terre,
fait ordinairement passer ses élus par le creuset des
épreuves. Ce guide précieux lui fut bientôt ravi, et, par
son éloignement, fut momentanément tarie, au moins en
partie, la source des grâces, des instructions et des consolations que Dieu dans sa bonté lui avait libéralement
ouverte.

<hr>

CHAPITRE III.

La révolution enlève à Marie-Rose Thibon son pasteur et son guide.

Depuis longtemps, des hommes ennemis de tout joug,
de toute autorité, de toute morale, travaillaient dans
l'ombre à saper les fondements de l'autel et du trône :
des sociétés secrètes, dans lesquelles on n'était admis
qu'en jurant devant le poignard de conserver un secret
inviolable sur les projets infernaux qu'on y tramait, en-
veloppaient nonseulement la France mais l'Europe entière
d'un vaste réseau. Au sein de ces sociétés étaient élabo-
rés des écrits incendiaires, impies, immoraux, que des
affidés répandaient avec profusion dans tous les rangs de
la société : par ces moyens et par mille autres, on enflam-
mait les esprits, on aigrissait les cœurs, on soufflait le
feu de la discorde et on préparait la grande catastrophe
qui, plus tard, inonda la France de sang, la couvrit de

ruines et la conduisit à deux doigts de sa perte. Bientôt,
la foudre qui grondait éclata avec un horrible fracas ; le
trône antique de nos rois fut brisé, et ses débris écrasè-
rent tout ce qui lui servait d'appui : la religion , ennemie
naturelle du vice, du désordre, du crime, fut attaquée avec
rage ; ses ministres furent traqués comme des bêtes fau-
ves , jetés dans des cachots ténébreux , puis égorgés
comme des malfaiteurs. Ceux qui échappèrent à cette
boucherie cherchèrent leur salut dans l'exil, dans les ca-
vernes ou chez quelques amis dévoués qui, au péril de
leur vie , leur offrirent un asile toujours exposé à être
violé par la fureur des cannibales. Le nom de Dieu fut
effacé, son culte proscrit et celui de la Raison proclamé ;
les temples furent rasés ou profanés par des orgies infâ-
mes, et la terreur glaça tous les cœurs.

Ainsi la jeune Marie, encore enfant, fut privée des instructions, des sages conseils de son pasteur et de son
guide, réduite, ainsi que ses pieux parents, à offrir à
Dieu dans le secret de son cœur le sacrifice qu'elle trouvait tant de bonheur à lui présenter dans l'asile de la
prière devenu muet et dont l'entrée même lui était inter-
dite : son instruction religieuse fut ainsi interrompue, et
elle n'eut plus d'autres secours spirituels que la grâce divine qui ne nous manque jamais , le zèle toujours ardent
de ses parents et le souvenir des conseils que son pasteur
lui avait précédemment prodigués.

Cependant la foi avait jeté de profondes racines dans
les montagnes du Vivarais, où les parents de la jeune
Marie avaient leur demeure et qui avaient autrefois été
arrosées des sueurs du saint apôtre François-Régis qui,
pendant de longues années , les avait évangélisées avec
un zèle infatigable. Quelques prêtres zélés qui avaient
échappé au massacre dont leurs frères avaient été victimes , y avaient donc pu trouver un asile sûr, y entrete-
naient secrètement le feu sacré dans le cœur des fidèles et
leur prodiguaient les secours spirituels qui étaient en leur
pouvoir. Quelques jours moins sombres vinrent même à y
reparaître, et l'église de Bannes, veuve de son pasteur et
muette depuis trop longtemps, retentit de nouveau, quoique avec moins d'éclat, du chant des hymnes sacrées.

Antoine Thibon profita de cette heureuse circonstance
pour présenter à la hâte la jeune Marie, déjà devenue
grande, au banquet sacré pour la première fois : elle s'y
trouva réunie à une centaine d'autres enfants qui, comme
elle, soupiraient depuis longtemps après cet heureux jour
et au nombre desquels se trouvait Pierre Teissier, auquel
elle devait plus tard être unie par les liens du mariage.

CHAPITRE IV.

Première communion de Marie-Rose Thibon.

La première communion est une des actions les plus
mémorables de la vie de l'homme, et elle exerce d'ordinaire une grande influence sur le reste de ses jours.

C'est qu'à cette époque des grâces privilégiées, des secours surabondants lui sont prodigués pour assurer
l'œuvre de sa sanctification. En effet, il est parvenu alors
au plein usage de sa raison ; des instructions nombreuses
et approfondies lui sont données sur l'étendue des devoirs
du chrétien, sur la laideur du vice et les charmes de la
vertu ; il examine en détail les actions de sa vie passée,
celles qui ont été répréhensibles lui sont présentées sous
les traits les plus capables de toucher son cœur; de sages
résolutions lui sont suggérées pour les éviter à l'avenir,
il est pressé de solliciter auprès de Dieu un pardon qui
n'est jamais refusé à un cœur contrit et humilié ; il renouvelle de sa propre bouche les vœux sacrés qu'à son
baptême d'autres avaient prononcés pour lui, jure à Dieu
une inviolable fidélité, reçoit le baiser de réconciliation
parfaite à la table sainte où Dieu, après avoir versé dans
son ame les trésors les plus précieux de sa grâce, vient
se donner à lui comme gage de la vie éternelle qu'il lui
prépare ; assez souvent même, à cette époque, et comme
pour mettre le comble à tant de faveurs, le sacrement,
qui, en nous donnant le Saint-Esprit, nous rend parfaits
chrétiens et nous communique la force nécessaire pour
assurer notre persévérance dans le bien, lui est conféré.

Que de grâces, donc, que de faveurs signalées accordées à l'homme à cette précieuse époque ! Et comment
pourraient-elles se trouver réunies en lui avec une telle
abondance sans y produire des fruits? Elles y en produisent en effet toujours, et ce sont des fruits de vie ou de
mort : fruits de vie, lorsque le cœur et l'ame sont soigneusement préparés ; car, semblables alors à une terre fertile
et bien cultivée, ils multiplient au centuple la précieuse
semence que le Père céleste y a placée avec une si admirable prodigalité, et ces fruits, soigneusement recueillis
et conservés, servent à l'homme d'aliment et de soutien,
ainsi que l'expérience le prouve, spécialement aux jours
mauvais qu'il peut avoir à traverser pendant le reste de
sa course. Elles produisent, ces grâces, des fruits de
mort, lorsque le cœur et l'ame sont mal préparés ; car la
divine semence, tombant alors, ainsi que le dit l'Evangile, sur la pierre où elle ne peut développer son germe
au milieu des épines du péché, des habitudes vicieuses
non déracinées qui l'étouffent; l'homme ne peut alors retirer de sa téméraire démarche que les malédictions du Ciel,
qui, surajoutées aux désordres de sa vie passée, chargent
sa conscience d'un poids accablant dont il ne pourra se
débarrasser sans le secours d'une grâce toute spéciale,
qui l'entraînera de désordre en désordre et le précipitera
finalement dans l'abîme.

Privée trop longtemps des instructions de son pasteur,
des sages conseils de son guide, la jeune Marie ne put
apporter à cette grande action les soins empressés que sa
tendre piété lui eût suggérés dans des jours meilleurs;
mais elle fit tout ce qui dépendait d'elle dans les circons-

tances difficiles où elle se trouvait; elle correspondit avec zèle aux grâces que Dieu accorde toujours à l'ame fidèle et qu'il sait proportionner à l'étendue des besoins de sa position. Elle soupirait après le moment où elle pourrait s'unir avec le divin époux de son ame ; elle l'appelait de tous ses vœux et le vit arriver avec une inexprimable joie.

Ce jour qui, d'ordinaire, est pour les familles un jour de fête et pour l'Eglise l'occasion d'étaler toute la pompe de son culte, toute la magnificence de ses cérémonies, ne put avoir tout son éclat ordinaire; les cœurs étaient alors trop affligés, trop oppressés ; leur saint élan était comprimé par de trop justes craintes ; la pompe fut donc moins grande et les hymnes sacrées accompagnées de moins d'allégresse; mais l'amour divin ne fut pas moins ardent dans les cœurs, la reconnaissance ne fut pas moins vive ni la résolution de persévérer dans le bien moins sincère, et le cœur de la jeune Marie fut certainement un des plus ardents et des plus empressés à témoigner à Dieu tout ce que la piété la plus sincère suggère en ces jours heureux.

CHAPITRE V.

Marie-Rose Thibon fait choix d'un état de vie et embrasse, de l'avis de ses parents, l'état du mariage.

Affermie dans la voie du bien où, depuis longtemps déjà, elle marchait avec une sainte ardeur, pressée de témoigner à Dieu, dont elle venait de recevoir des faveurs si signalées, sa reconnaissance et son amour, Marie Thibon accomplissait avec une inviolable fidélité tous ses devoirs de chrétienne, s'appliquait à faire chaque jour de nouveaux progrès dans la vertu, était le modèle de toutes les jeunes filles de son hameau et un objet de joie et de consolation pour ses pieux parents.

Bientôt elle parvint à l'âge de maturité, et il lui fallut songer à faire choix de l'état de vie qu'elle devait embrasser. Cette seconde démarche est, dans la vie du chrétien, de la plus haute importance ; car d'elle dépend souvent son salut éternel. Il doit donc bien se garder de la faire sans y avoir mûrement réfléchi, sans avoir imploré le secours de Celui qui prend à juste titre le nom de *Père des lumières,* qui appelle chaque homme d'une manière plus ou moins directe à l'état qu'il doit embrasser, et lui accorde les grâces qui lui sont nécessaires pour y opérer son salut, et non celles dont il aurait besoin pour un autre état auquel il n'est point appelé.

Or, pour connaître l'état auquel nous sommes appelés, trois choses sont nécessaires : 1.º Nous rendre dignes d'être exaucés de Dieu en nous mettant en état de grâce ; 2.º implorer ses lumières ; 3.º consulter les personnes qu'il a chargées de nous diriger sur cette terre.

1.º Nous rendre dignes d'être exaucés de Dieu en nous réconciliant avec lui si notre conscience est souillée de quelque péché grave ; en effet, comment pourrions-nous espérer que Dieu écoutât nos prières, si le péché qu'il a en horreur nous avait fait encourir sa disgrâce ? Comment pourrions-nous espérer que les lumières célestes pussent pénétrer dans nos ames, si des passions indomptées les tenaient enveloppées des ombres de la mort ?

2.° Implorer les lumières de Dieu, en lui disant avec le jeune Samuel : *Parlez, Seigneur, car votre serviteur écoute*, ou bien avec Saul, renversé sur le chemin de Damas : *Seigneur, que voulez-vous que je fasse ?* ou bien encore avec le pieux roi David : *Enseignez-moi à faire votre volonté, Seigneur, car j'ai élevé vers vous mon ame.* Comment une telle prière, faite avec un cœur sincère, serait-elle repoussée par Celui qui, dans sa bonté, nous dit lui même : *Demandez et vous recevrez ?*

3.° Enfin, consulter les personnes que Dieu a chargées de nous diriger sur cette terre. D'abord nos parents, qui, à notre égard, sont ses lieutenants sur cette terre et chargés par lui de diriger d'une manière spéciale nos premiers pas dans la carrière de la vie ; enfin, le guide spirituel de nos ames, parce que c'est à lui et à tous ses ministres que le Sauveur a dit : *Allez, enseignez.... ceux qui vous écoutent m'écoutent moi-même.*

Combien, hélas ! dans le monde, ont recours, pour connaître l'état auquel ils sont appelés, à ces moyens si conformes à la raison, si sûrs et si faciles ? La plupart prennent leur parti sur ce point en aveugles, au milieu des ténèbres du péché, et ne consultent que les passions qui les ont asservis. Comment seraient-ils bénis de Dieu dans l'état qu'ils embrassent avec une telle imprudence ?

La jeune Marie, toujours pieuse, toujours soumise aux auteurs de ses jours, toujours docile aux avis de son directeur, suivit, dans cette circonstance comme dans toutes les autres, les règles de la plus sage prudence ; elle se détermina pour l'état du mariage, mais ce ne fut qu'après avoir pris tous les moyens les plus sûrs pour se convaincre que tels étaient sur elle les desseins de Dieu.

Il lui restait à se déterminer sur le choix de celui auquel elle devait unir ses destinées ; et ce point ne laisse pas lui-même d'avoir une grande importance : il en a beaucoup plus qu'on y en attache d'ordinaire, même dans les familles où la vertu est en honneur.

Par quels motifs, en effet, se détermine-t-on principalement dans le choix des personnes auxquelles on doit s'unir par les liens du mariage ? Sans doute, on rougirait de contracter union avec une personne publiquement flétrie par le vice, dont la probité eût reçu de trop fortes atteintes, dont les principes seraient trop décriés, dont le caractère présenterait quelque chose de trop intraitable ; mais, en général, une fortune étendue qui offre un appât à la cupidité, un rang élevé qui flatte l'ambition, quelques traits de beauté qui flattent les regards et promettent un aliment aux désirs déréglés du cœur, voilà ce qui plaît, ce que l'on cherche, ce qui détermine les unions ; de futiles raisons couvrent et excusent tout le reste, et l'on marche en avant. Aussi voit-on de nos jours peu d'unions heureuses et bénies de Dieu.

La jeune Thibon et ses parents avaient des principes bien différents et ils furent déterminés dans le choix qu'ils firent par des motifs tout autres. A leurs yeux, une foi pure, des mœurs irréprochables, une probité bien reconnue, une sagesse exemplaire, étaient des trésors préférables à tout, et quiconque ne les possédait pas ne pouvait conserver d'espoir de voir auprès d'eux ses démarches couronnées de succès.

Il existait, dans un hameau voisin de celui où Marie Thibon avait pris naissance, une famille dont les principes étaient les mêmes que ceux qu'elle avait puisés dans la maison paternelle , où les vertus étaient héréditaires , et où , pendant les temps orageux de la révolution , les ministres des autels avaient trouvé un asile assuré contre les persécutions de l'impiété : la famille Teissier. Un des membres de cette famille, Pierre Teissier, qui, quelques années auparavant, s'était, pour la première fois, assis à la table sainte avec la jeune Marie, sollicita sa main, l'obtint, et le 12 janvier de l'année 1800, l'union des deux jeunes chrétiens fut bénie dans l'église paroissiale de St.-Pierre de Banne.

CHAPITRE VI.

Vie de Marie-Rose Thibon dans le mariage jusqu'à la mission qui eut lieu à Banne en 1822. Son union parfaite avec son époux et sa belle-mère dont elle partageait la demeure.

Le mariage est un état saint, établi de Dieu même , et ceux qui, comme le jeune Tobie, l'embrassent dans des vues pures et de pieuses dispositions , y reçoivent du Ciel des grâces abondantes et y trouvent de véritables consolations. Les époux fidèles peuvent, en effet , s'y exciter, s'y encourager mutuellement à la vertu, se consoler dans leurs peines et y goûter les douceurs que répand toujours dans les cœurs une charité vraiment chrétienne.

Mais cet état a aussi ses dangers, ses épreuves, ses afflictions et ses peines.

Il a ses dangers, parce qu'il est facile d'y franchir les bornes qu'imposent toujours la modestie et la pureté chrétiennes ; d'y oublier les fins que le Créateur s'est proposé en l'établissant, d'y ouvrir son cœur aux dégoûts qui souvent tentent de s'y insinuer et d'y prendre la place de l'affection légitime et exclusive dont il n'est jamais permis de s'écarter ; d'y devenir l'un pour l'autre une occasion de scandale et de chute. Combien , hélas ! d'époux, de nos jours surtout , viennent se briser contre ces écueils et répandent le deuil dans les familles !

L'état du mariage a ses épreuves, ses afflictions et ses

peines ; il existe, en effet, dans le caractère, les inclinations, les goûts et les habitudes des personnes même vertueuses qui s'unissent par le mariage, une infinité de nuances diverses. L'harmonie et l'intime union qui font le bonheur des époux ne peuvent donc persévérer parmi eux qu'au prix de sacrifices réciproques et continuels qui ont leur principe dans l'humilité et la mortification chrétiennes. Il est certain, d'ailleurs, que si deux cœurs tendrement unis y éprouvent une double joie en partageant ensemble leurs jouissances réciproques, ils y éprouvent aussi une double affliction en partageant les tristesses et les épreuves auxquelles ils sont l'un et l'autre exposés.

L'Esprit saint, dont la jeune Thibon avait si souvent imploré l'assistance, répandit dans son ame des grâces abondantes qui la préservèrent de tout écart, de vives lumières qui lui découvrirent tous les obstacles qu'elle avait à surmonter dans le nouvel état où elle était entrée, la convainquirent de la nécessité de vivre soumise et toujours étroitement unie à celui que Dieu non seulement lui avait associé comme époux, mais encore, d'après la doctrine de l'apôtre, lui avait donné comme chef; il lui inspira une profonde humilité, une mortification, une soumission parfaites, et, pendant cinquante-quatre ans, elle vécut avec celui qu'elle avait épousé dans l'union la plus cordiale, la plus intime, que rien ne put jamais troubler.

La vertu de Marie Thibon fut soumise dans le mariage à une épreuve spéciale que ne rencontrent pas toujours les jeunes personnes qui contractent une alliance, épreuve qui est pour beaucoup de celles qui y sont soumises une pierre d'achoppement, mais à laquelle elle se montra constamment supérieure. Pendant quarante-cinq ans elle dut vivre en société avec la mère de son époux, femme âgée déjà, naturellement accoutumée à commander au sein de la famille et à diriger les détails du ménage ; or, chacun sait combien il en coûte aux jeunes épouses qui aussi seraient appelées à commander et à diriger, pour se soumettre à une telle autorité; cependant la jeune Thibon, pendant de si longues années, fut constamment soumise et respectueuse envers sa belle-mère comme si elle en avait elle-même reçu le jour. Une seule fois, il lui échappa quelques paroles un peu vives que releva aussitôt avec prudence son époux, et depuis ce moment, aucun dissentiment n'exista jamais entre elles; elles furent toujours tendrement unies jusqu'au moment où la mort vint les séparer.

Dieu mit encore sa vertu à l'épreuve d'une autre manière, pendant le temps de son mariage, en lui envoyant une maladie longue et douloureuse qui la conduisit aux portes de la mort; mais cette circonstance ne servit qu'à faire briller sa patience et sa résignation, qui, au milieu des infirmités et des douleurs les plus vives, demeurèrent toujours inaltérables.

Depuis sa jeunesse jusqu'à l'année 1822, Marie Thibon se conduisit donc constamment, soit avant, soit depuis son mariage, en chrétienne fidèle et fervente, mais cependant sans que l'on remarquât en elle rien d'extraordinaire que son infatigable persévérance dans l'accomplissement de ses devoirs. A cette époque seulement, elle se traça ainsi que nous l'allons voir, un plan de conduite tout nouveau et qu'elle suivit avec une persévérance rare jusqu'à sa mort si édifiante arrivée en 1854.

DEUXIÈME PARTIE.

VIE DE MARIE-ROSE THIBON DEPUIS LA MISSION DONNÉE A BANNE EN 1822 JUSQU'A SA MORT EN 1854.

CHAPITRE Ier.

Marie Thibon suit avec le zèle le plus ardent les exercices de la mission qui eut lieu dans sa paroisse en 1822. Accroissement de ferveur qu'elle y puisa et plan de conduite qu'elle s'y traça.

Les temples catholiques qui avaient échappé au marteau destructeur avaient, comme nous l'avons vu, été fermés, les instructions des ministres sacrés interrompues, les cérémonies du culte prohibées pendant longtemps; des clubs, des harangues, des orgies révolutionnaires les avaient remplacés. La jeunesse, pendant ces lamentables jours, n'avait point été initiée ou ne l'avait été que d'une manière imparfaite à la connaissance des vérités chrétiennes; le souvenir de ces vérités conservatrices s'était affaibli dans l'esprit des personnes parvenues à la maturité de l'âge, et, par suite, la pureté des mœurs, mise aux plus dangereuses épreuves par la licence publique, avait considérablement souffert. L'Œuvre des Missions parut un remède efficace à de si grands maux et elle fut établie avec zèle; de toutes parts se formèrent des sociétés d'hommes apostoliques qui parcoururent les villes et les campagnes et s'efforcèrent, non sans succès, d'y faire renaître et fleurir la science et l'antique austérité des mœurs chrétiennes.

En 1822, cinq de ces infatigables ouvriers, appartenant à la célèbre société des Missionnaires de France établie à Paris, vinrent évangéliser Annonay, ville importante du diocèse de Viviers, et de là devaient diriger leurs pas vers la petite ville des Vans dont Banne se trouve peu éloigné. Cette heureuse circonstance inspira aux habitants de cette paroisse, et spécialement aux époux Teissier, un désir ardent d'avoir part à ce bienfait. L'espoir de voir ce pieux désir réalisé faisait tressaillir de joie le cœur de Marie Thibon. Son mari fit les démarches les plus actives auprès du curé de la paroisse et des missionnaires eux-mêmes pour obtenir que l'un d'entre eux fût député à Banne pour y donner les exercices de la mission. Les efforts de Pierre Teissier furent couronnés d'un plein succès, et il eut la consolation d'annoncer lui-même dans sa paroisse et de présenter au vénérable curé le missionnaire qui venait partager ses travaux.

Bientôt les exercices furent ouverts par une procession générale pendant laquelle le bonheur et la joie se peignaient sur tous les fronts : l'empressement et l'assiduité des habitants de cette vaste paroisse composée d'un grand nombre de hameaux assez éloignés de l'église, offrait un spectacle digne d'admiration. Plusieurs heures avant le lever du soleil, on voyait ces peuples pleins de foi accourir en foule pour entendre les instructions qui avaient lieu deux fois le jour, et mettre, pendant les intervalles, ordre aux affaires de leur conscience, oubliant en quelque sorte leurs travaux et la nourriture nécessaire au soutien de leur existence. Aussi cette mission eut-elle les plus heureux résultats.

Marie Thibon était une des plus empressées et des plus assidues aux exercices ; aussi Dieu récompensa son zèle par les grâces les plus abondantes, grâces auxquelles elle correspondit avec une fidélité parfaite : elle fut amplement éclairée sur la vanité des choses de ce monde pour laquelle elle conçut un profond mépris, sur le prix des biens du ciel, sur la nécessité de les conquérir, d'en faire sa principale occupation, et, dans ce but, elle se dressa un plan de conduite très-austère dont elle ne s'écarta jamais depuis.

On ne doit point être étonné que l'enfer se soit déchaîné avec tant de fureur contre l'œuvre des missions, puisque elle lui ravissait tant de victimes et enrôlait tant d'âmes sous l'étendard des vertus chrétiennes.

CHAPITRE II.

Marie Thibon établit sur deux fondements principaux la vie nouvelle qu'elle a pris la résolution d'embrasser : l'amour de Dieu et du prochain.

Interrogé sur l'importance des divers préceptes que renferme la loi divine, le Sauveur prononça cet oracle tant de fois reproduit depuis dans les écrits des docteurs catholiques et commenté du haut des chaires chrétiennes : *Vous aimerez le Seigneur votre Dieu de tout votre cœur, de toute votre ame, de toutes vos forces, et votre prochain comme vous-même ; ces deux points renferment toute la loi et les enseignements des Prophètes.* Ce sont ces deux points fondamentaux que notre pieuse chrétienne prit pour base du réglement de vie qu'elle voulait suivre.

Mais pour n'être point victime d'une illusion dont les conséquences sont funestes à un trop grand nombre d'ames, il lui était nécessaire de bien comprendre et d'établir d'une manière précise en quoi consiste cet amour. En effet, l'amour de Dieu ne consiste point, ainsi qu'on se le persuade trop souvent, dans des mouvements sensibles et affectueux de notre cœur charnel, dans des paroles expressives, des formules éloquentes souvent répétées et accompagnées de soupirs brûlants, mais dans une disposition libre et réfléchie de notre volonté par laquelle aidés de la grâce, nous nous portons à accomplir tout ce que Dieu nous prescrit, tout ce qu'il désire de nous et par laquelle aussi nous nous éloignons de tout ce qui lui déplaît et de tout ce qu'il nous défend, en vue de sa bonté et de son amabilité infinies.

Sans doute notre cœur charnel peut unir à cet amour de volonté et d'action sa sensibilité naturelle et l'exprimer par des soupirs brûlants ; notre langue, à son tour, peut l'exprimer par des paroles, des formules éloquentes, mais ces sentiments et ces paroles ne sont point de l'essence de l'amour ; ils n'en sont qu'une expression souvent douteuse et sujette à l'illusion : l'amour est spécialement dans la volonté qui en doit produire des actes intérieurs et extérieurs, mais le sentiment et les formules ne sont pas de son essence.

Ces principes salutaires doivent être appliqués à l'amour du prochain : cet amour n'a point sa source dans une propension aveugle de notre cœur charnel qui nous porte à aimer nos frères parce qu'ils sont aimables, parce qu'ils nous aiment les premiers et qu'ils sont bienveillants à notre égard ; ce ne sont là que des motifs humains que Dieu n'a point eu en vue lorsqu'il nous l'a prescrit ; le véritable amour du prochain a un motif surnaturel qui n'agit point nécessairement sur le cœur charnel, mais bien sur l'ame et la volonté ; il consiste à aimer nos frères en Dieu, pour Dieu, parce que Dieu les aime et nous prescrit de les aimer : l'effet qu'il produit en nous est de nous porter d'une manière efficace à éviter ce qui peut leur être nuisible, pénible, et à faire ce qui peut leur être utile, agréable, en vue de plaire à Dieu.

C'est en ce sens que l'amour, suivant l'expression de l'Ecriture, *est fort comme la mort,* car il anéantit en nous tout ce qui est mauvais, répréhensible, et y fait naître tout ce qui est bon, utile, saint aux yeux de Dieu.

Eclairée d'en haut, Marie Thibon comprit clairement toutes ces vérités et dirigea tout son plan de réforme intérieure de manière que sa vie tout entière fût une expression continuelle de l'amour de Dieu et du prochain le plus solide, le plus sincère et tel que nous venons de le décrire.

Afin de faire disparaître de son cœur et de sa conduite tout ce qui pourrait blesser l'œil de Dieu et lui déplaire, elle résolut de s'appliquer spécialement à la pratique de trois vertus fondamentales : l'humilité, la pauvreté d'esprit et la mortification qui détruisent en nous l'orgueil, l'amour désordonné des biens de la terre et l'amour des plaisirs sensuels , qui sont nos vices capitaux et le principe de tous nos égarements. Afin de se rendre agréable à Dieu , à ces pratiques elle en ajouta trois autres : la fidélité la plus exacte dans l'accomplissement des préceptes divins et ecclésiastiques , l'esprit intérieur et de prière continuelle et la pureté d'intention dans ses actions même les plus ordinaires et les plus communes.

Relativement au prochain , elle résolut de s'interdire rigoureusement toute pensée, tout jugement et toute action qui pussent lui être préjudiciables, puis de consacrer tous ses moments libres à l'exercice des œuvres spirituelles et corporelles de miséricorde.

Nous la suivrons pratiquant avec un courage et une persévérance bien rares dans le monde ces différentes vertus qui ont rendu sa vie si édifiante et sa mort si précieuse.

CHAPITRE III.

Marie-Rose Thibon, afin d'établir le règne de Dieu dans son cœur, en extirpe jusqu'aux dernières racines de l'orgueil et y jette les fondements d'une humilité profonde.

Bien déterminée à se donner à Dieu sans réserve et à faire à tout prix la conquête du Ciel , Marie Thibon s'appliqua d'abord à triompher des obstacles qui pouvaient s'opposer à l'accomplissement de ses vœux. Rappelant à sa mémoire le souvenir des instructions qu'elle avait entendues, elle reconnut que l'orgueil est un des principaux. Ces oracles de l'Ecriture l'avaient surtout vivement impressionnée : *Dieu a en abomination l'orgueilleux et son orgueil; il résiste aux superbes et prodigue ses grâces aux humbles. Si vous ne subjuguez l'orgueil qui vous porte à vous élever et ne devenez humbles et simples comme de petits enfants, vous n'entrerez point dans le royaume des cieux. Je vous ai donné l'exemple afin que ce que j'ai fait le premier vous le fassiez vous-mêmes; apprenez de moi à être doux et humbles de cœur; renoncez-vous vous-mêmes et marchez sur mes traces.*

C'en est fait, son parti est pris : elle veut terrasser l'orgueil, suivre et imiter Jésus-Christ humilié jusqu'à subir la mort du dernier des esclaves, et de là son ardeur et sa persévérance à faire chaque jour, avec une angélique piété le chemin de la croix. Elle rentre continuellement en elle-même, rappelle à sa mémoire les grâces innombrables et privilégiées qu'elle a reçues du Ciel , le peu de fruit qu'elle en a retiré, l'inclination de sa nature vers le mal, ses répugnances pour le bien, ses tiédeurs, ses ingratitudes, toutes les fautes journellement échappées à sa fragilité ; tant de misères, la plupart inséparables de la faiblesse humaine, apparaissent à ses regards purifiés et éclairés par la grâce comme des monstres horribles qui la rendent digne du plus profond mépris. Elle foule aux pieds l'amour-propre, la vanité, l'ambition, leur voue une haine éternelle et se détermine à ne plus chercher ses délices que dans l'ignominie de la croix qu'elle veut porter désormais à la suite de son Maître tous les jours de sa vie.

Et que l'on n'aille pas croire que ce n'ait été là pour elle que des pensées fugitives, qu'un plan de conduite en spéculation ; ces pensées demeurèrent constamment gravés dans sa mémoire ; ce plan de conduite fut suivi par elle avec la plus constante persévérance. Depuis ce moment, elle se considéra toujours comme la plus grande pécheresse du monde, comme digne du dernier mépris ; elle souffrait, elle désirait même qu'on la considérât comme telle et en cherchait les occasions : aussi ne pouvait-on lui causer de peine plus sensible que de faire, en sa présence, son éloge ou celui de quelques-unes de ses actions ; on voyait alors la rougeur et la confusion se répandre sur son front ; puis elle se hâtait de porter la conversation sur un autre point ou elle s'éloignait. Mais tandis qu'elle s'abaissait ainsi devant les hommes, Dieu qui, suivant ses promesses, élève les humbles, lui accordait les grâces les plus abondantes et les plus privilégiées.

Qu'une humilité aussi sincère et aussi courageuse est rare aujourd'hui dans le monde, même parmi les chrétiens qui font profession d'une plus haute piété ! On en voit encore qui conservent, affectent même les dehors de cette vertu ou en empruntent le langage ; mais où en trouver qui soient vraiment humbles de cœur, qui aient un sincère mépris d'eux-mêmes, supportent patiemment les mépris, mais surtout qui, comme le dit le pieux auteur de l'Imitation , *aiment à être ignorés et considérés comme rien ?*

Cependant , tant que , par la pratique d'une humilité sincère , nous n'avons point chassé l'orgueil de notre cœur, il nous est impossible de plaire à Dieu et de lui dire avec quelque vérité que nous l'aimons, puisque l'orgueil, son rival, occupe dans nos cœurs un trône qui lui appartient, et que nous offrons à ce rival un encens qui n'est dû qu'à lui seul.

CHAPITRE IV.

Marie-Rose Thibon, afin d'établir plus facilement et plus parfaitement en elle le règne de Dieu, bannit complètement de son cœur toute affection pour les biens de la terre.

Marie Thibon ne possédait point de grandes richesses, mais elle vivait avec son époux dans une honnête aisance qui lui permettait de se dispenser du travail des mains pour assurer son existence.

Au premier aperçu , cette position paraît favorable au détachement des biens de la terre ; s'attacher à si peu, ce serait, ce semble, s'écarter par trop visiblement des règles de la sagesse. Mais l'expérience apprend que ceux que la Providence a mis dans cette position ont à éviter deux écueils assez dangereux contre lesquels un grand nombre d'hommes viennent se briser. Ces écueils sont, premièrement, la crainte de manquer du nécessaire par suite de quelques-uns des accidents qui sont si communs dans la vie, crainte qui jette de noirs soucis, de sombres inquiétudes dans l'ame et la tourmente cruellement; secondement, le désir de se procurer une plus grande aisance, désir auquel il est difficile d'assigner de justes bornes et qui, s'il n'est modéré par la prudence, cause à l'ame de violents tourments.

Or, il est aisé de reconnaître quelle place immense cette double préoccupation, qui trop souvent se transforme en passion, occupe dans l'ame et combien le règne de Dieu est peu compatible avec elle. D'ailleurs, ces préoccupations, une fois transformées en passion, blessent Dieu d'une manière essentielle dans plusieurs de ses attributs et tendent à le chasser entièrement de nos cœurs.

En effet, la crainte immodérée de manquer du nécessaire lorsqu'il est en notre possession est injurieuse à la providence de Dieu qui veille sur nous avec une si tendre sollicitude et ne demande que notre coopération pour nous assurer ce qui est utile à notre existence. C'est pourquoi le Sauveur nous dit dans l'Evangile : *Ne soyez point inquiets en ce qui concerne les choses nécessaires à votre nourriture et à votre vêtement, car votre Père céleste connaît tous vos besoins.*

Le désir de se procurer une plus grande aisance renferme un danger non moins frappant, d'après cet oracle de l'Esprit-Saint : *Ceux qui aspirent à la possession des richesses ouvrent leur cœur à beaucoup de soins inutiles, dangereux, qui deviennent le principe de leur ruine spirituelle.* En effet, ce désir se transforme rapidement en passion, ravit à Dieu les affections de l'homme qui lui appartiennent et met à sa place de viles créatures qui ne sont que l'œuvre de ses mains : bientôt les voies légitimes tracées pour parvenir à une acquisition licite ne pouvant conduire l'homme cupide d'une manière assez rapide au terme de ses vœux, il invente, pour y parvenir, des moyens que la délicatesse réprouve, quelquefois même il finit par recourir à l'injustice la moins déguisée, à la violence même pour arriver à ses fins.

Pleine d'une confiance filiale en la divine Providence dont elle avait tant de fois éprouvé la tendre sollicitude, pleinement satisfaite dans la médiocrité de sa fortune, Marie Thibon ferma entièrement son cœur à tout désir ultérieur ; elle le détacha même complètement de ce dont la Providence l'avait pourvue, n'usant, suivant le précepte de l'apôtre, de ce qu'elle possédait *que comme n'en usant point*, le partageant même avec les malheureux, comme nous le verrons plus tard, aux dépens de ses propres besoins.

Comment Dieu, qui chérit ceux qui sont vraiment pauvres d'esprit et a proclamé de sa propre bouche leur bon-

ñeur, qui a promis de récompenser au centuple tout ce
que nous ferions pour procurer à ses membres souffrants
quelque soulagement dans leurs privations, ne se serait-il
pas plu à habiter dans un cœur si parfaitement détaché et
si généreux !

CHAPITRE V.

**Marie Thibon, afin de laisser à Dieu dans son cœur un
accès toujours plus libre, renonce, autant que sa
condition d'épouse le lui permet, à tous les plaisirs
sensuels.**

Notre pieuse chrétienne était, ainsi que nous l'avons
vu, engagée dans les liens du mariage, lorsque la grâce
tenant à son cœur un langage plus éloquent, elle résolut
de se donner à Dieu d'une manière plus parfaite. Elle aurait vivement désiré pouvoir lui consacrer ses affections
sans partage, mais les engagements qu'elle avait con-
tractés ne le lui permettait pas ; elle résolut au moins de
vivre dans l'état où la divine Providence l'avait appelée
avec la plus stricte réserve, de n'accorder à la créature
que la portion des affections de son cœur renfermée dans
les limites du devoir et d'en tenir d'ailleurs toutes les
avenues sous la garde d'une vigilance de tous les moments.

Heureuse l'ame à laquelle Dieu inspire de telles résolutions et à laquelle il donne le courage de se montrer
fidèle à les suivre ; elle aura en partage le bonheur le plus
solide que l'on puisse goûter sur la terre et recevra du
Ciel les bénédictions les plus abondantes.

Tant que l'ame n'est point affranchie de l'empire des
sens, elle demeure esclave de maîtres impérieux, bizar-
res, qui tour-à-tour troublent son repos par ses exigences
déraisonnables, souvent honteuses, et l'abandonnent à de
cuisants remords, témoin saint Augustin qui, dans le livre
de ses Confessions, nous décrit en termes si éloquents le
triste état où il gémissait avant son heureux affranchisse-
ment.

Depuis trente ans, dit-il, mon cœur cherchait dans de
fades plaisirs un bonheur qui fuyait devant moi; car, hélas!
je n'étais qu'un triste esclave livré au plus cruelles an-
goisses ; lié non avec des chaînes de fer, mais par ma
volonté pervertie, volonté plus difficile à rompre que les
liens qui, dans les cachots s'opposent à l'évasion des coupables.

Combien sont grands, au contraire, le bonheur et la paix
de l'ame qui s'est affranchie de l'empire des sens et de
l'amour insensé des créatures! Quelques personnes accou-
tumées à n'envisager les choses que des yeux de la chair
et à tout juger d'une manière superficielle, sont tentées
de considérer la vie de ceux qui combattent les inclinations de leur nature comme triste et ennuyeuse ; elles
s'imaginent les voir livrés à de sombres pensées; elles

se persuadent que leur cœur sans aliment est rétréci, inaccessible aux plus doux sentiments, privé de tout bonheur de toute consolation ; mais c'est une erreur monstrueuse. Ecoutons encore sur ce point saint Augustin, c'est toujours au nom de l'expérience qu'il parle.

Prêtant l'oreille à la grâce qui le sollicitait depuis si longtemps, il résolut enfin, dit-il, d'abandonner la vie des sens pour embrasser la seule vie raisonnable, la vie de l'esprit : sa résolution prise, il arrache à la terre ses pensées errantes, vagabondes ; il les élève avec transport vers le Ciel, contemple d'un œil avide l'être souverainement parfait et y trouve d'ineffables délices ; ses pensées invitent ses affections à partager leur jouissance et leur ivresse et son cœur à son tour s'élance vers Dieu. O mon Dieu ! s'écrie-t-il alors, dans le transport de sa joie, je cherchais loin de vous le bonheur et la paix que l'on ne peut trouver qu'en vous ; car vous nous avez créés pour vous, et nos cœurs ne peuvent éprouver que soif, que privation et déchirement jusqu'à ce qu'ils viennent se reposer en vous !

Mais l'ame pure et affranchie trouve le comble de son bonheur dans les bénédictions privilégiées que Dieu se plaît à répandre sur elle. En effet, Dieu l'associe aux secrets les plus intimes de sa sagesse, conformément à cet oracle : *Heureux ceux qui ont le cœur pur, car ils verront Dieu.* Il l'admet à l'union la plus étroite, car le cœur pur est comme un sanctuaire dans lequel il se plaît à fixer sa demeure ; enfin, il s'entretient avec elle avec une douceur et une familiarité, dit l'auteur de l'Imitation, qui véritablement tiennent du prodige et ne peuvent assez exciter notre admiration.

Ce furent ces motifs puissants qui rendirent la vertu dont nous parlons si précieuse aux yeux de Marie Thibon et la déterminèrent à mettre tout en œuvre pour l'établir solidement en elle, l'y conserver intacte et l'y perfectionner. De là cette vigilance assidue sur ses yeux, sur ses oreilles, sur ses lèvres, sur son cœur, auxquels elle avait placé une garde de circonspection des plus sévères et on peut dire que jamais femme ne fut plus modeste et plus réservée. C'est qu'elle savait que le maître qu'elle servait est, ainsi qu'il le dit lui-même, *le Dieu jaloux*, et n'admet point de partage : aussi en toutes choses, mais spécialement sur le point dont nous parlons, l'ombre de ce qui aurait pu déplaire à ce bon maître aurait jeté dans son ame les plus vives alarmes.

Ainsi se trouvait dans Marie Thibon la première marque authentique du véritable amour divin, assigné par les saints, un soin scrupuleux à éviter jusqu'à l'ombre de ce qui peut offenser Dieu ou même seulement lui déplaire.

On trouvait également en elle, ainsi que nous l'allons voir, la seconde marque indiquée par eux et qui consiste dans le zèle et l'empressement à faire tout ce qu'il nous prescrit ou ce qui peut simplement être agréable à ses yeux.

CHAPITRE VI.

Invariable fidélité de Marie Thibon dans l'accomplissement des préceptes de Dieu et de l'Eglise.

Un des moyens les plus efficaces pour témoigner à Dieu notre amour et nous assurer la couronne promise au juste, c'est la fidélité dans l'accomplissement des préceptes divins et ecclésiastiques, conformément à cet oracle de l'Ecriture : *Si vous voulez avoir part à la vie éternelle, observez les commandements.*

Beaucoup de chrétiens sont convaincus de cette vérité dans leur cœur et la confessent même par leurs paroles, mais la contredisent par leur conduite : les uns observent quelques-uns des commandements, ceux qui sont moins opposés aux penchants dépravés de leur cœur et exigent d'eux moins de sacrifices , mais violent les autres sans scrupule. Ils se forment une religion à leur guise qui exclut les vices les plus grossiers et tolère tous les autres. Je n'attente à la vie de personne, disent-ils bien haut ; je ne dérobe rien, je ne commets point d'adultères ; puis ils se décernent à eux-mêmes la couronne de l'innocence, comme si les autres préceptes qu'ils violent n'étaient rien.

D'autres reconnaissent la nécessité d'accomplir tous les préceptes , parce qu'ils ont été tous également proclamés par la même bouche divine et parce qu'en violer un seul, c'est, ainsi que le déclare l'apôtre saint Jacques et que la raison elle-même le démontre, rendre inutile sa fidélité dans l'accomplissement des autres ; mais ils ne savent ce que c'est que la persévérance dans le bien, et, après quelques jours de fidélité, ils retournent à leurs désordres habituels.

Notre fervente chrétienne comprit tout ce que cette conduite insensée a de coupable et de dangereux pour le salut et s'en tint constamment éloignée ; jamais personne ne se montra plus scrupuleusement fidèle dans l'accomplissement même le plus minutieux de tous les préceptes de Dieu et de l'Eglise ; et cette fidélité est d'autant plus digne de remarque que sa santé naturellement peu robuste fut, depuis l'époque à laquelle elle se traça un plan de conduite plus austère, constamment débile et languissante.

Je n'ai pas le dessein d'entrer dans le détail de sa conduite relative à chaque commandement ; j'observerai seulement que jamais, sous quelque prétexte que ce pût être, elle n'eût consenti à se livrer à la moindre œuvre servile les jours de dimanches et de fête d'obligation, que pendant ces mêmes jours, la maladie la plus grave eût seule été capable de l'empêcher de se rendre à tous les exercices de religion de sa paroisse, lors même qu'elle avait encore son domicile éloigné de l'église.

Mais ce qui n'est pas moins digne de remarque, c'est son invariable exactitude dans la rigoureuse observance des jeûnes et de l'abstinence prescrits, exactitude dont elle ne consentit jamais à se relâcher jusqu'aux derniers jours de sa vie, malgré son âge avancé, sa faiblesse et ses infirmités bien réelles. Si on lui faisait observer qu'elle avait des motifs plus que suffisants pour rendre une dispense légitime, que des personnes d'une vertu éminente dans des circonstances semblables consentaient sans scrupule à y avoir recours, elle répondait avec humilité *qu'elle avait commis plus de fautes que ces sortes de personnes* (elle qui avait toujours mené une vie si réglée), *qu'elle avait conséquemment un besoin plus impérieux de faire pénitence.*

Une telle conduite prouve mieux que les paroles les plus énergiques, que les formules les plus éloquentes, les protestations les plus réitérées, que l'on aime véritablement Dieu. A quoi servent, en effet, ces paroles, ces formules, ces protestations, si elles sont démenties par la conduite, si après avoir protesté tant de fois à Dieu qu'on l'aime, on se laisse, de propos délibéré, aller à des actions qu'il réprouve, ou si l'on n'a pas le courage de mettre en pratique le bien qu'il prescrit ?

Ah ! dit saint Augustin, lorsque l'on aime véritablement rien ne coûte, rien ne parait pénible. Celui qui est pénétré d'un amour véritable, dit l'auteur de l'Imitation, court, vole, franchit tous les obstacles sans les apercevoir, en quelque sorte, et les plus pesants fardeaux lui paraissent légers !

Tel était l'amour dont le cœur de notre héroïne était embrâsé et qui lui faisait éprouver des douceurs, même dans les pratiques les plus pénibles à sa nature.

CHAPITRE VII.

Marie Thibon familiarisée avec la vie intérieure et s'entretenant jour et nuit avec Dieu dans la prière.

Lorsqu'une âme a courageusement fait divorce, autant qu'il est en elle, avec la chair et les sens, qu'elle a brisé les liens qui la captivaient sur la terre, qu'elle s'est généreusement dévouée à l'accomplissement des devoirs du chrétien ; elle respire enfin et commence à jouir de la liberté des enfants de lumière. Mais malheur à elle si elle ne se hâte pas de donner aux pensées de son esprit et aux affections de son cœur l'objet qui seul peut remplacer ce qu'elle leur a retiré et d'offrir un aliment à leur activité, car bientôt poursuivie par la tristesse et l'ennui, elle retomberait de tout son poids dans l'abîme d'où elle était sortie et des chaînes plus pesantes peut-être que les premières viendraient l'accabler de nouveau. Marie Thibon le comprit et chercha en Dieu un aliment aux pensées de son esprit et aux affections de son cœur : Dieu lui-même, satisfait de sa générosité, lui tendit la main, l'attira à lui, lui dévoila sa face adorable, lui découvrit ses infinies perfections, blessa en quelque sorte son cœur, le captiva tout entier et, de ce moment, elle ne trouva plus de bonheur qu'à penser à lui, qu'à parler de lui, qu'à s'entretenir avec lui dans la prière.

Ceci paraîtra sans doute mystérieux et même difficile à croire aux personnes qui ne sont point initiées aux secrets de la vie spirituelle, et cependant c'est un fait dont il est facile de leur découvrir les causes et de les leur faire en quelque sorte toucher du doigt. En effet, ce qui leur paraît ici prodigieux et incroyable s'est peut-être manifesté plus d'une fois dans leur propre cœur d'une manière bien réelle et bien puissante à l'égard des personnes qu'elles ont ardemment aimées. Leurs pensées ne se dirigeaient-elles pas constamment vers ces personnes, peut-être même de manière à troubler leur sommeil et à en interrompre le cours ? N'éprouvaient-elles pas du bonheur à en faire l'objet de leurs conversations ? ne profitaient-elles pas, avec empressement, de toutes les occasions qui se présentaient de lier conversation avec elles ? et, lorsque ces occasions ne se présentaient pas d'elles-mêmes, n'avaient-elles pas recours à mille industries pour les faire naître ?

Eh bien ! c'est le secret de ce qui se passe entre Dieu et l'ame qui est éprise de son amour ; c'est le secret de ce qui se passait dans l'ame et dans le cœur de Marie Thibon : elle voyait Dieu partout, en elle, autour d'elle, dans tous les objets créés dans lesquels elle apercevait le reflet de sa sagesse, de sa puissance, de sa bonté, de sa providence admirable ; elle n'éprouvait que du dégoût au milieu des entretiens qui n'avaient que la terre pour objet, n'y prenait presque aucune part et ne répondait, lorsque on l'interrogeait, que par monosyllabes ; mais venait-on à parler de Dieu, son cœur se dilatait, s'épanouissait ; des paroles de feu sortaient de sa bouche comme par torrents ; elle devenait intarissable, et il était facile de reconnaître que ce qu'elle disait était dicté par un cœur embrâsé de l'amour divin.

Quant au bonheur qu'elle trouvait à s'entretenir avec Dieu dans la prière, il suffit pour l'apprécier de se rappeler le temps qu'elle y consacrait chaque jour, sa santé débile et ses forces visiblement épuisées lui rendaient toute occupation pénible et presque impossible ; mais lorsqu'il s'agissait de la prière, elle trouvait des forces étonnantes ; elle s'y livrait pendant un temps si prolongé et toujours dans des postures si gênantes, si pénibles pour la nature que, sans un secours tout spécial de Dieu, la santé la plus robuste eût eu peine à y suffire.

L'attrait qu'elle éprouvait pour s'entretenir avec Dieu fut mis à une assez forte épreuve tant que le lieu de sa résidence fut éloigné de l'église paroissiale ; mais plus tard, son époux qui se voyait privé de postérité lui ayant proposé d'affermer leurs propriétés et d'aller se fixer au hameau où elle se trouve, Marie Thibon accueillit cette proposition avec des transports de joie. Le projet fut promptement réalisé, et elle fut au comble de ses vœux.

Alors libre, ainsi que nous l'avons dit, de tout autre travail que celui de son petit ménage, que son époux même, pour ménager la santé de sa compagne, partageait souvent avec elle, elle se livra tout entière aux exercices de piété, toujours levée de grand matin, elle était, même dans la saison rigoureuse, des premières à l'église, assistait aux deux messes qui s'y célèbrent, y revenait souvent pendant le jour visiter le Saint-Sacrement, faire de pieuses lectures, suivre, avec de ferventes compagnes qu'elle s'était associées, les stations du chemin de la croix, y manifestant une ferveur vraiment angélique, puis réciter la prière du soir; et pendant tout ce temps, demeurait toujours à genoux par terre. Rentrait-elle à sa demeure, elle s'y livrait à de nouvelles prières, prosternée la face contre terre, dans quelque coin tellement retiré que souvent son mari ignorait sa présence à la maison. Cependant ces entretiens avec Dieu si multipliés et qui absorbaient presque tout le jour, ne suffisaient pas encore pour apaiser la soif brûlante qu'elle éprouvait de s'entretenir avec Dieu; la nuit même, lorsque son mari était plongé dans le sommeil, elle se mettait sur son séant et couverte de son manteau, elle passait de longues heures à ses côtés dans de nouveaux entretiens avec le Seigneur. Pour tout dire en un mot, sa vie était une prière continuelle, et qui pourrait dire ce qui se passait dans son cœur pendant ces célestes entretiens !

Quel fut le principe de cette conduite extraordinaire dans Marie Thibon ? l'amour de Dieu dont son cœur était embrâsé, amour qui lui faisait toujours paraître courts les moments qu'elle passait avec lui. Donnez-moi un cœur qui aime, dirai-je avec saint Augustin, et il comprendra facilement ces merveilles !

Et pourquoi tant de chrétiens pensent-ils si peu à Dieu, parlent-ils si peu de Dieu, s'entretiennent si rarement avec Dieu ? c'est qu'il y a dans leur cœur peu d'amour de Dieu.

CHAPITRE VIII.

Droiture d'intention de Marie Thibon dans toutes ses actions et soin qu'elle prenait de les rendre parfaites et agréables à Dieu.

Cette femme vraiment admirable, qui semblait ne plus vivre, ne plus respirer que pour le Ciel, se rappelait toujours qu'elle était la propriété de Dieu, qu'elle était son champ, en quelque sorte, champ dont il avait le droit strict et exclusif de revendiquer les fruits ; de là le soin extrême qu'elle prenait de diriger ses intentions vers lui dans tout ce qu'elle faisait et même dans ses actions les plus communes et les plus ordinaires, de renouveler et de purifier continuellement ses intentions par des oraisons jaculatoires, par des élévations amoureuses et continuelles vers le Ciel pour protester à Dieu qu'elle n'agissait et ne voulait agir que pour lui seul jusqu'à son dernier soupir.

Eh ! que de mérite n'acquérait-elle pas par ce moyen si simple, inconnu à un grand nombre de chrétiens ou trop négligé par eux ?

C'est un secret précieux que de savoir tourner tout à profit pour augmenter ses trésors. Aussi le monde le trouve-t-il merveilleux lorsqu'il s'agit des trésors terrestres ; il est constamment à sa recherche et s'applique sans cesse à en étendre les résultats. Pourquoi n'avons-nous pas la même application et le même zèle lorsqu'il s'agit des biens du ciel ? Nous pourrions sans peine nous y assurer une large part : il suffirait pour cela d'imiter celle dont nous nous remettons la vie sous les yeux, de sanctifier les actions ordinaires de la vie : elles sont assurément bien nombreuses. Lever, prières, travail, repas, récréations, allées, venues, coucher, sommeil, etc.; tout cela se renouvelle chaque jour, se multiplie chaque semaine, chaque mois, chaque année, peut et doit être offert à Dieu, d'après le précepte de l'apôtre : *Soit que vous mangiez, soit que vous buviez, ou que vous vous livriez à quelque autre action, faites tout pour la gloire de Dieu.*

Or, d'après la doctrine du concile de Trente, chaque action faite en vue de Dieu par une ame juste répond à un degré de grâce sanctifiante, et à chaque degré d'une telle grâce correspondra un degré de gloire céleste qui durera éternellement : toutes nos actions ainsi faites, se succédant sans interruption pendant notre vie, formeraient donc, dit un saint, une espèce de chaîne d'or dont les anneaux seraient composés d'innombrables degrés de grâces pendant cette vie et de gloire pendant l'éternité.

Mais si notre pieuse chrétienne apportait un tel soin à sanctifier ses actions ordinaires et communes, quelle zèle ne mettait-elle pas dans les actions plus importantes ! Avec quelle ferveur angélique ne s'acquittait-elle pas de ses exercices de piété, n'assistait-elle pas au sacrifice de la messe, ne s'approchait-elle pas du sacrement de la réconciliation et de la table sainte ! Et quelles grâces précieuses n'y puisait-elle pas ! On ne pouvait la voir dans le pieux accomplissement de ces diverses pratiques sans être rempli d'admiration pour elle et sans se sentir pressé du désir de devenir meilleur.

Que ceux qui liront cette page se gardent de penser que cette ferveur de notre héroïne, que cette application constante à n'agir que pour Dieu ait eu pour elle quelque chose de laborieux et de pénible ; c'était une conséquence naturelle et comme nécessaire de l'amour dont son cœur était embrâsé pour Dieu ; c'était un besoin pour elle, et il lui eût été très-pénible d'agir autrement. Ah ! c'est que le cœur qui aime a toujours présent à la pensée, ainsi que nous l'avons dit, l'objet de son amour ; que tous ses actes tendent naturellement à lui plaire, qu'il trouve des délices dans les sacrifices les plus pénibles qu'il s'impose pour lui. Ce fut là le principe du zèle incomparable des Apôtres, de la patience des martyrs, des austérités des vierges, des anachorètes, en un mot, de l'héroïsme de tous les saints, qui autrement serait inexplicable.

CHAPITRE IX.

Soumission parfaite de Marie Thibon à la volonté de Dieu dans tous les événements et spécialement dans les infirmités.

La soumission à la volonté de Dieu est encore une conséquence comme nécessaire de l'amour dont un cœur est pénétré pour lui ; elle est d'ailleurs le principe d'un bonheur solide et une source abondante de grâces.

C'est une conséquence de l'amour de Dieu ; en effet, lorsqu'on l'aime véritablement, on l'aime dans sa sagesse et dans toutes les dispositions qu'elle juge à propos de prendre soit à notre égard, soit à l'égard de ce qui nous touche, et on s'y soumet avec joie. Or, c'est cette sagesse infinie de Dieu qui prépare et dirige d'une manière plus ou moins directe tous les événements ; la foi nous l'enseigne de la manière la plus précise.

Les biens et les maux, la vie et la mort, la pauvreté et les richesses, tout nous vient de Dieu, dit l'Esprit saint. — *On tire au sort,* dit-il ailleurs, *mais c'est Dieu qui dirige le sort — Deux passereaux ne se donnent-ils pas pour une obole,* nous dit le Sauveur ; *et cependant aucun d'eux ne tombe sur la terre sans la permission du Père céleste.* — Quant aux épreuves qui nous sont suscitées par l'injustice ou la malice de nos semblables, il est également écrit que le Créateur, en donnant l'existence à l'homme, l'a laissé présider librement à ses conseils et à ses résolutions, se réservant de juger ultérieurement le juge et le coupable : enfin nous lisons que, par les tribulations et les épreuves à travers lesquelles Dieu fait passer le juste, il le purifie comme on purifie l'or dans le creuset, et lui ouvre une source abondante de mérites.

Armée de ces pensées de foi qui lui faisaient voir l'action de Dieu partout, les yeux fixés sur Jésus-Christ, son modèle, qui, au milieu des amertumes de sa passion ne savait que dire : *Mon Père, que votre volonté soit faite et non pas la mienne ;* sur Jésus-Christ, qui nous a mis sur les lèvres cette sublime prière : *Notre Père..... que votre volonté soit faite sur la terre, comme elle l'est dans le Ciel ;* qui nous déclare que, pour arriver au lieu de l'éternel repos, il est nécessaire de passer à travers de nombreuses tribulations ; l'ame fidèle s'incline avec respect devant les événements les plus pénibles à la nature ; quelquefois même, dans ses saints transports, elle pousse l'héroïsme jusqu'à dire à Dieu avec le grand Xavier : *Encore plus, Seigneur, encore plus.*

Mais quelle paix profonde ne puise-t-elle pas dans cette soumission généreuse ? qui serait capable de l'ébranler ? le Ciel et la terre s'écrouleraient, elle n'en serait pas troublée. Elle n'a qu'une seule crainte, celle de pécher,

encore cette crainte ne peut altérer son bonheur, car elle
sait que Dieu est juste et ne permettra jamais qu'elle soit
tentée au-delà de ses forces, qu'il lui accordera ses grâces
qui lui assureront la victoire et lui feront même tirer profit des tentations.

Quels mérites, d'ailleurs, une patience et une soumission si parfaites ne lui procurent-elles pas, puisque chaque épreuve dont elle sort victorieuse, chaque tribulation
qu'elle supporte avec amour doit avoir sa couronne spéciale.

Occupée de ces sublimes pensées dont elle nourrissait
habituellement son ame, soit en suivant Jésus-Christ dans
la voie douloureuse du Calvaire, soit dans ses amoureux
entretiens avec Dieu, Marie Thibon, dans tous les événements de la vie, ne savait qu'adorer la Providence céleste,
qu'admirer l'éternelle sagesse, que multiplier ses actions
de grâces. Mais c'est surtout au milieu de ses infirmités
habituelles que sa soumission à la divine volonté brillait
d'un plus vif éclat.

Outre l'épuisement de ses forces, l'état de marasme, de
langueur habituelle qui lui rendait la vie très pénible,
elle éprouvait un grand affaiblissement dans l'organe de
la vue et une telle susceptibilité dans cette partie que la
lumière, lorsqu'elle était vive, et l'approche du feu lui
causaient d'amères douleurs et l'obligeaient, même dans
la saison rigoureuse, à s'en tenir éloignée. Or, au milieu
de ces infirmités, on n'entendit jamais sortir de sa bouche la plainte la plus légère; elle n'en parlait même jamais, à moins qu'on ne la provoouât; et, dans ce cas,
elle répondait avec un calme parfait *qu'elle avait mérité
de souffrir beaucoup davantage*, de sorte que l'on ne savait lequel on devait le plus admirer, de sa soumission ou
de son humilité.

Cependant, il faut en convenir, les infirmités, spécialement lorsqu'elles sont habituelles, sont une des plus ru-
des épreuves auxquelles l'homme puisse être soumis; il
est bien rare qu'elles ne répandent pas quelques nuages
dans son ame, qu'elles ne lui arrachent pas quelques soupirs amers ou même quelques larmes; il y a une liaison
si étroite entre l'ame et le corps que lorsque l'un souffre
l'autre est triste, souffrant et enclin à la plainte. Eh bien!
on ne remarqua jamais rien de semblable dans Marie
Thibon; toujours un calme parfait, une égalité d'ame admirable! Heureux état qui, comme nous l'avons observé,
avait son principe et son appui dans l'amour ardent de
notre fervente chrétienne et dans la joie secrète qu'elle
éprouvait de pouvoir suivre, en portant sa croix, Jésus-
Christ souffrant.

CHAPITRE X.

Charité infatigable de Marie Thibon pour le prochain.

La charité fraternelle est une conséquence nécessaire

de l'amour divin ; aussi sont-ils l'objet d'un seul et même précepte. Marie Thibon aima Dieu avec une vive ardeur, nous venons de le voir, la charité fraternelle dut donc aussi régner dans son cœur, et c'est en effet une des vertus qu'elle pratiqua avec le plus d'héroïsme et de persévérance.

Or, le premier pas à faire dans la pratique de cette vertu est d'éviter ce qui peut être nuisible au prochain ou même lui être un objet de peine et de tristesse. Marie Thibon, ainsi que nous l'avons vu, avait été, sur ce dernier point formée à bonne école ; car ses pieux parents lui avaient sans cesse recommandé, dès son enfance, une extrême réserve dans ses jugements, ses paroles et ses actions relativement à ses frères et lui en avaient constamment donné l'exemple. Aussi peut-on dire que personne ne fut plus réservé qu'elle sur ce point. Jamais on n'entendit sortir de sa bouche la moindre parole de critique ou de blâme à leur égard ; jamais elle ne se permit le plus petit acte qui put les affliger ou tourner à leur préjudice : c'est un témoignage qui lui est publiquement et généralement rendu dans sa paroisse.

Mais sa charité envers le prochain n'était pas seulement négative, elle était efficace et admirablement active. Cette vertu, en effet, lorsqu'elle est véritable, ne peut, ainsi que l'amour divin, demeurer oisive dans un cœur ; il faut qu'ils se manifestent l'un et l'autre par des œuvres, ainsi que nous le voyons dans les saints auxquels ils inspirent tant d'actions merveilleuses, et ces grandes ames ne faisaient en cela qu'imiter Jésus-Christ le premier et parfait modèle de la charité fraternelle. Que n'a pas fait le fils de Dieu pour notre bonheur et notre salut depuis sa naissance jusqu'à son dernier soupir, et que ne fait-il pas encore dans le Ciel à la droite de son Père où il intercède pour nous, et sur la terre où il nous communique ses grâces par le canal des Sacrements !

Que n'a pas fait, à son imitation, le grand Paul qui, manifestant le désir de devenir anathème pour le salut de ses frères, a parcouru toute la terre et l'a rendue témoin de ses immenses travaux, de ses sueurs, de ses privations et de ses souffrances ! Que n'ont pas fait les autres apôtres, les martyrs, les confesseurs de la foi ? Que n'ont pas fait et que ne font pas encore tant de saints missionnaires qui, animés d'une charité sincère, parcourent, au milieu des périls, des privations et des fatigues, les pays les plus barbares et les plus éloignés, afin de présenter le flambeau de la vérité aux peuples assis dans les ombres de la mort ; tant de vierges souvent élevées d'une manière délicate qui se dévouent à l'instruction des ignorants, au soin des enfants délaissés, des infirmes, des pestiférés même.

La charité sincère de notre pieuse chrétienne la fit marcher avec courage sur ces traces glorieuses et la porta à consacrer tous ses moments libres à l'exercice des œuvres de miséricorde spirituelles et corporelles : et, dans ces œuvres, elle agit toujours par un principe surnaturel; on n'y apercevait rien d'humain, qui ressentît la chair et les sens, qui fût le résultat de sympathies aveugles ou de combinaisons intéressées, ainsi qu'il arrive trop souvent ; sa charité s'étendait à tous sans distinction de personnes.

Retirer du vice ceux qu'elle y voyait plongés, exciter à une plus grande ferveur les ames fidèles dans lesquelles elle remarquait plus de dispositions pour la vertu, les engager à s'unir aux pieuses pratiques auxquelles elle se livrait dans le lieu saint, à prendre part aux exercices édifiants qui avaient lieu pour les personnes du dehors dans la communauté des religieuses ; consoler les affligés, visiter les malades, c'était là ses plus chères délices. Partout et toujours elle était accueillie avec respect et reconnaissance. Les malades surtout recevaient ses visites avec une joie marquée, les trouvaient toujours trop rares et se sentaient puissamment encouragés par ses pieux entretiens à supporter patiemment les infirmités.

Mais sa tendre charité éclatait d'une manière toute spéciale dans le zèle qu'elle mettait à pourvoir aux besoins des indigents ; tout ce dont sa position lui permettait de disposer avec prudence leur était consacré : plus d'une fois même, n'ayant plus rien à leur donner, elle se priva pour eux des aliments préparés pour son modeste repas. Lorsqu'elle n'avait plus rien à leur offrir pour soulager leurs besoins pressants, elle allait solliciter en leur faveur les ames bienfaisantes et revenait toujours munie de quelques secours qu'elle leur distribuait avec bonheur.

On peut donc dire avec vérité de Marie Thibon qu'elle a passé sur la terre en faisant du bien.

CHAPITRE XI.

Maladie, mort consolante et funérailles de Marie-Rose Thibon.

Depuis de longues années déjà notre pieuse chrétienne répétait avec une ferveur angélique cette belle antienne composée en l'honneur de la Reine des Anges, qui peut être considérée comme le chant de l'exil et que l'Eglise nous remet si souvent sur les lèvres :

« Du lieu de notre pèlerinage, nous élevons vers vous nos cris, infortunés descendants d'Adam ; nous soupirons vers vous, arrosant de nos pleurs et faisant retentir de nos gémissements cette vallée de larmes ! O vous dont la clémence, la piété et la douceur sont si admirables, rendez-nous propice, au sortir de ce triste séjour, Celui que vous avez mérité de porter dans votre chaste sein. »

Sa santé si débile allait s'affaiblissant et le terme de sa course approchait asssz visiblement. Enfin, la maladie qui devait la conduire au port l'obligea à prendre le lit et l'avertit de se préparer d'une manière plus prochaine à l'arrivée de l'époux, au grand passage du temps à l'éternité.

Ce passage, pour l'ame infidèle qui a abandonné Dieu et cherché son bonheur sur la terre, est bien effrayant ! Richesses, honneurs, plaisirs, parents, amis, tout va disparaître à ses yeux comme une ombre. Son ingratitude envers Dieu, les innombrables infractions de sa loi dont elle s'est rendue coupable, ses égarements et ses désordres se présentent en foule à sa pensée : la justice divine lui apparaît prête à développer ses rigueurs ; l'éternité, l'interminable éternité se déroule, et elle n'y aperçoit que des privations et des rigueurs ; elle l'enveloppe déjà, ce semble, l'étreint, l'ensevelit dans son sein, et elle n'y trouvera jamais qu'un Dieu irrité de ses résistances, de ses révoltes et de ses ingratitudes , qui n'a et ne peut avoir que des châtiments pour le coupable qui a repoussé le bonheur qui lui était offert.

Mais que la pensée de ce passage du temps à l'éternité est belle, qu'elle est douce, qu'elle est consolante pour l'ame qui a fidèlement accompli les devoirs que son Dieu lui a imposés ! Ah ! elle soupire après ce passage , elle l'appelle de tous ses vœux !

En effet, le serviteur qui a fidèlement rempli les intentions, les ordres de son maître, qui s'est courageusement dévoué à ses intérêts et dont les comptes sont en règle, ne redoute point le retour de ce maître , surtout lorsqu'il connaît sa générosité et la bonté de son cœur ; il attend ce bon maître avec impatience , souvent il regarde s'il vient, ses yeux cherchent à le découvrir de loin, parce qu'il sait qu'il n'a à attendre de lui que des félicitations et des récompenses. L'ami soupire après le retour d'un ami fidèle dont il est depuis longtemps séparé. Un fils bien né, vertueux, attend avec impatience l'arrivée d'un bon père ravi depuis longtemps à ses embrassements, à sa tendresse et à son amour. Or, Dieu est pour l'ame fidèle ce maître généreux qui, au terme de l'épreuve, vient à elle, des paroles de félicitation sur les lèvres et les mains pleines de récompenses ; c'est l'ami généreux et fidèle qui revient à son ami ; c'est le père tendre et affectueux qui vient prodiguer ses célestes caresses à un fils chéri !

Oh ! oui, le passage du temps à l'éternité est bien doux pour l'ame fidèle ! C'est le repos après un voyage long et pénible ; c'est le port après une navigation longue et périlleuse ; ce sont les douceurs de la liberté après les rigueurs d'un rigoureux esclavage ; ce sont les délices du repos et de l'abondance, après les périls et les privations de la guerre ; c'est Dieu, enfin, avec son éternité de bonheur après l'exil et les maux de la vie présente.

C'est sous cet aspect consolant que le passage du temps à l'éternité se présenta aux regards de la pieuse et fidèle Marie Thibon. Qui pourrait dire ce qui se passa dans son esprit et dans son cœur en cette circonstance solennelle? Ce qu'il y a de certain et ce qu'ont vu de leurs yeux les personnes qui l'approchaient pendant sa maladie et qui furent témoins de ses derniers moments, c'est qu'elle était continuellement occupée de Dieu, qu'une paix profonde, une admirable sérénité et une résignation parfaite se firent constamment remarquer dans ses paroles et sur son front jusqu'à son dernier soupir. Dieu la jugeant sans doute suffisamment éprouvée et purifiée par sa vie austère et ses longues infirmités, la préserva d'ailleurs des douleurs aigües et des tentations pénibles qui, assez souvent, précèdent ou accompagnent la mort des personnes les plus pieuses : sa maladie ne fut qu'une aggravation de ses langueurs habituelles et sa mort une espèce de sommeil paisible auquel elle passa sans effort et d'une manière presque insensible.

Lorsque la nouvelle de sa fin se fut répandue dans la paroisse, un concert unanime de louanges sortit de toutes les bouches en son honneur. C'était une vraie sainte! s'écriait-on de toutes parts ; si elle n'est pas sauvée, nous n'avons rien à espérer pour le Ciel!...

Le jour de ses funérailles, on accourut de toutes parts afin de lui donner une dernière preuve de sympathie, de respect et d'admiration : l'église paroissiale où se trouvaient réunies toutes les personnes notables et les autorités du lieu, était trop petite pour contenir la foule qui s'y pressait respectueuse et recueillie.

Le souvenir de cette pieuse femme si digne de servir de modèle aux personnes de son sexe n'est point effacé de la mémoire de ceux qui l'ont connue ; on aime toujours à se rappeler sa vie si édifiante et à en raconter les diverses circonstances : afin de les mieux conserver dans leur mémoire, les pieuses compagnes de ses saints exercices, et spécialement les religieuses établies dans la paroisse, ont réclamé et obtenu les objets pieux qui avaient servi à son usage et les conservent avec vénération.